Ausstellung
Oluf Braren
(1787–1839)

D1720191

OLUF BRAREN

1787 — 1839

Ausstellungen:

Galerie Nymphenburg, Lisbeth Braren-Weinrich, München
1. Oktober bis 16. Oktober 1977

Hochschule für bildende Künste, Hamburg
1. November bis 14. November 1977

Städtisches Museum, Flensburg
4. Dezember 1977 bis 8. Januar 1978

Umschlagbild: Ing Peter Matzen mit Kindern (Katalog Nr. V)

Die Veranstalter der Ausstellung danken ebenso wie der Verlag dieses Kataloges allen, die den Plan, das Werk Oluf Brarens möglichst umfassend einer interessierten Öffentlichkeit zugänglich zu machen, bereitwillig unterstützt haben. Dieser Dank hat in erster Linie den Leihgebern der Bilder zu gelten.

Aufnahmen: Altonaer Museum (Dieter Otte), Hamburg (V, X, XIII); Oluf Braren, Hamburg (VII, VIII); Fotografin Petra Eisinger, München (III a + b, XV, XVI, XVII, XVIII, XIX, XX, XXV, XXVI); Hans Hoffmann, Husum (I, II, XI, XII, XVII, XXI); Hans-Daniel Ingwersen, Wyk (VI); Schleswig-Holsteinisches Landesmuseum, Schleswig (XIV); Fotohaus Sessner, Dachau (XXIII). Die Aufnahmen mußten aus technischen Gründen teilweise vor einer Restaurierung der Bilder erfolgen. Lithos: Inter-Litho Inh. Günther Meyer, Harrislee

© 1977 by Husum Druck- und Verlagsgesellschaft mbH u. Co. KG, Husum
Herstellung:
Husum Druck- und Verlagsgesellschaft
Postfach 1480, 2250 Husum
ISBN 3-88042-048-3

Einführung

Im Jahre 1912 gaben Wassily Kandinsky und Franz Marc in München den „Blauen Reiter" heraus, einen Sammelband, dessen Rang als „die bedeutendste Programmschrift der Kunst des 20. Jahrhunderts" (Klaus Lankheit) unbestritten ist. In demselben Jahr veranstaltete der Hamburgische Kunstverein eine Ausstellung schleswig-holsteinischer Maler, ein längst vergessenes Unternehmen, dem schon damals allenfalls lokale, provinzielle Bedeutung beizumessen war. Was haben diese beiden Ereignisse miteinander zu tun?

Im „Blauen Reiter" stellte Kandinsky für die Kunst seiner Zeit wie für jegliche Kunst die These auf: „Die vom Geiste aus der Vorratskammer der Materie herausgerissenen Verkörperungsformen lassen sich leicht zwischen zwei Pole ordnen. Diese Pole sind: 1. die große Abstraktion, 2. die große Realistik. Diese zwei Pole eröffnen zwei Wege, die schließlich zu einem Ziel führen." Für seine eigene Kunst wählte Kandinsky den Weg der „großen Abstraktion". Um zu verdeutlichen, was er mit dem anderen Pol, der „großen Realistik" meinte, führte er Bilder naiver Maler vor, volkstümliche Votivbilder und Gemälde des Pariser Zöllners Henri Rousseau, den zuvor schon Picasso als großen Meister der „Realistik" erkannt hatte. Von daher datiert die Anerkennung, die seitdem in Europa und Amerika naive Malerei genießt.

In der Hamburger Ausstellung von 1912 kamen erstmals Bilder des von der nordfriesischen Insel Föhr stammenden und dort tätigen Schulmeisters und Malers Oluf Braren (1787–1839) zur Kenntnis der Öffentlichkeit. Im selben Jahr würdigte der Maler und Schriftsteller Momme Nissen die Eigenart von Brarens Kunst (in: A. J. Lorenzen, Unsere Heimat Nordschleswig, Hadersleben 1912). Im Anschluß daran schrieb Wilhelm Niemeyer, der in Hamburg an der Kunsthochschule am Lerchenfeld Kunstgeschichte lehrte, eine der engagiertesten Künstler-Monographien, die je geschrieben worden sind: „Oluf Braren. Der Maler von Föhr. Eine Lebensbeschreibung und Würdigung des vergessenen Künstlers." Infolge des Krieges konnte sie, in München gedruckt, erst 1920 im Furche-Verlag, Berlin, erscheinen. Heute ist sie eine bibliophile Seltenheit.

Der Zeitpunkt des Erscheinens ist bedeutsam; denn schon kündigte sich in der zeitgenössischen Kunst als neue Tendenz die Verwirklichung jener „großen Realistik" an, die Kandinsky als Ergänzung zur „großen Abstraktion" gefordert hatte: die „neue Sachlichkeit". Der Münchner Franz Roh schrieb als erster die Geschichte dieser noch hochaktuellen Hinwendung zu einer Wirklichkeitsschilderung von hohem Anspruch und eindringlicher Art, die man auch „magischen Realismus" nannte. Die Aktualität der neuen Seh- und Malweise steigerte das Interesse an den Bildern der „Naiven" erheblich. Rousseau und manche andere „Maler des reinen Herzens" in Frankreich, die man inzwischen entdeckt hatte, rückten zu Klassikern ihrer Art auf.

Auf deutschem Boden war lange Zeit kein Maler bekannt geworden, den man zu diesen Größen hätte in Parallele stellen mögen außer Oluf Braren. Franz Roh wurde einer seiner überzeugtesten Verehrer und würdigte den – wie er schrieb – „abgründigen" Maler noch 1953 ausführlich in seiner Zeitschrift „Die Kunst und das schöne Heim". Inzwischen waren andere den historischen Hintergründen nachgegangen, die das scheinbar unvermittelte Auftauchen eines künstlerischen Werkes, wie es mit Brarens Namen verknüpft ist, begreiflicher machen, insbesondere Nikola Michailow (Zeitschrift für Kunstgeschichte IV, 1935). Das Hervortreten naiver Malerei in der Zeit um 1800 verstand er als Folge davon, daß nach der Französischen Revolution und im Zusammenhang der allgemeinen Entwicklung des europäischen Geistes die an überlieferte dinghafte Formen (Haus, Wohnung, Gerät, Tracht usw.) gebundene, ältere Volkskunst ihre sozialen und geistigen Grundlagen verlor und die Talente nun selbständige Ausdrucksformen suchen mußten. Seine Untersuchungen erbrachten u. a. die Einsicht: „In der genialen Steigerung der primitiven Form- und Ausdrucksmöglichkeiten sind sie (die Bildnisse von Braren) die großartigsten Leistungen der überhaupt bekannt gewordenen Laienmalerei".

Mittlerweile, namentlich im Laufe der letzten zwei Jahrzehnte, erfuhr die Sonntags- oder Laienmalerei – wie man vereinfachend sagte – ein so allgemeines Interesse, daß man ihre Machbarkeit herausfand, sie organisierte und schließlich vermarktete. Gewiß liegt ihre Förderung im Interesse einer allgemeinen Aktivierung laienhafter Produktivität, geistiger Regsamkeit und tätiger Teilhabe am aktuellen Weltverständnis. Es kann – so möchte man sagen – gar nicht genug gemalt, gebastelt, inszeniert werden. Dieser Einsicht verdankt die moderne Kunsterziehung ihre Erfolge. Wenn sich aber der Kunstmarkt der Ergebnisse bemächtigt, wenn geschäftlicher Kalkül absichtsvoll „Naivität" stimuliert, wird das Gegenteil dessen erreicht, was allein das sinnvolle Ziel sein kann; und was seine Bedeutung im Privaten erschöpft, erfährt völlig unangemessene Bewertung.

Im modernen Kunstbetrieb gehen die Maßstäbe für die Beurteilung der „Naiven" verloren, und ein Naivismus, Bildnerei aus gewollter Naivität verschafft ein bequemes Alibi für Gleichgültigkeit der vielfach unbequem und unliebenswürdig gewordenen zeitgenössischen Kunst gegenüber. Preisgabe der relativierenden historischen Sicht ließ Oluf Brarens überragende Sonderstellung aus dem Bewußtsein schwinden. In dem 1967 in Wien erschienenen „Lexikon der Laienmaler aus aller Welt" von Anatole Jakovsky heißt es über Braren nur noch: „Man kennt nicht viele Bilder von diesem Urahn der naiven Malerei in Deutschland. Es sind im allgemeinen Genrebilder und Porträts, welche die dem Biedermeier eigene Gemütlichkeit ausstrahlen". Das zielt am Wesen von Brarens Malerei völlig vorbei. Vergessen ist (wie die dem Lexikon-Artikel beigefügten Literaturangaben zeigen), was Niemeyer, Roh, Michailow u. a. kritische und kluge Geister zu Brarens angemessener Würdigung beigetragen haben. Darum ist es an der Zeit, ihm erneut Gerechtigkeit widerfahren zu lassen. Wenn in Jugoslawien sozusagen ein ganzes Dorf mit staatlicher Förderung noch so reizvolle Bilder malt für einen schier unersättlichen Markt, der damit seinen Gewinn macht, so ist es nicht dasselbe, wie wenn vor 160 Jahren ein Einzelner um den Preis seiner gesellschaftlichen Geltung innerhalb einer vom Herkommen festgelegten Welt sich die geistige Leistung abringt, durch Malen Distanz zu gewinnen von seiner ebenso vertrauten und geliebten wie kritisch erkannten Umwelt. Dies letztere war Brarens Werk.

Oluf Braren lebte von 1787 bis 1839 und war Lehrer in Dorfschulen auf den Nordseeinseln Föhr und Sylt vor der Westküste Schleswigs. Die Inselwelt, in die er hineingeboren wurde, ist heute als Erholungslandschaft und Reiseziel weiten Kreisen bekannt. Damals lag sie weit abseits am Rande Dänemarks, ein unbeachtetes Stück Hinterland, abgesondert schon als friesisches Sprachgebiet, für Reisende schwer zu erreichen, unberührt von manchen Errungenschaften neuzeitlicher Aufklärung. Aber die aufgeweckten Menschen dort kannten sich trotzdem in der Welt aus; denn alljährlich fuhr fast die gesamte männliche Bevölkerung nach Amsterdam, Hamburg oder Kopenhagen, um als Seemann, vielfach als Kapitän die Weltmeere zu durchkreuzen oder im Nordmeer den Walen nachzujagen, während Frauen und Mädchen die kleinen Bauernhöfe bewirtschafteten. Das brachte einen freiheitlichen Zug und gelegentlich auch Wohlstand in die sonst von Traditionen bestimmte und von Dürftigkeit eingeengte Lebenswelt. Diese Doppelgesichtigkeit prägte die gesamte volkstümliche Kultur der von Städten weit entfernten nordfriesischen Inseln.
Oluf Braren, der Sohn eines Schmieds in Oldsum auf Föhr, gehört zu den Begabungen, die aus der Befangenheit ausbrachen. Taten es andere als Seeleute, indem sie in fernen Ländern Abenteuer suchten und vielfach in hohe Stellungen gelangten, so mühte er sich um geistige Befreiung im heimatlichen Bereich und gewann sie auch als Maler. Das Malen war zugleich Ausdruck einer Hinwendung zu seiner Umwelt. Er war beschlagen in den Naturwissenschaften, beobachtete Tiere und Pflanzen seiner Insel und sammelte Petrefakte, Conchilien und Dendriten. Zugleich aber gewann er, beobachtend, Distanz zu den Lebensformen, nach deren unverbrüchlichen Regeln die Dorfleute Alltag und Jahreslauf abwickelten. Sein Verhalten

trug ihm die friesische Bezeichnung Wrether ein, d. h. „Widerspen-
stiger". Sie kam einer Verurteilung gleich und stellte ihn ins Abseits.
Das verwundert nicht insofern, als Braren auch gegen die sittlichen
Normen verstieß: er lebte zusammen und hatte Kinder mit einer
anderen Frau als der ihm angetrauten. Seine innere Distanz von
der Insel, ihrer Natur wie ihrer Menschen, war verbunden mit einer
Liebe zu beiden. Nur aus dieser zwiespältigen geistigen Position ist
das künstlerische Werk verständlich, das gleichzeitig mit dem der
frühen Romantiker und aus einer vergleichbaren Seelenlage ent-
stand und insofern auch seinen bestimmbaren geistesgeschichtlichen
Ort hat.

Die Daten seines äußeren Lebens tragen im übrigen wenig bei zum
Verständnis dieses Menschendaseins in Einsamkeit. Dem Wunsch
des Vaters, daß er Schmied werde, widersetzte er sich. Aus eigener
Kraft, d. h. durch Studium aus Büchern, erwarb er sich die Eignung
zum Lehrer. Neuzehnjährig übernahm er die Schule der Norddör-
fer auf der Nachbarinsel Sylt. Dort wirkte er zwei Jahre, wurde
dann Lehrer in Midlum auf Föhr und 1808 in Utersum auf dersel-
ben Insel. Dort blieb er bis 1821, zog dann nach Toftum. Er hatte ein
Sylter Mädchen aus Archsum auf Sylt geheiratet, Merret mit Namen. Sie war „eine gutmütige, aber wohl etwas einfältige Frau und
keineswegs die geeignete Lebensgefährtin für den geistig ungewöhnlich regsamen Oluf Braren" – so schrieb der Sammler aller
seine Biographie betreffenden Nachrichten, Lorenz Braren. Es ent-
spann sich ein Verhältnis zu einer früheren Schülerin, Ing Peter
Matzen aus Hedehusum auf Föhr; es wird von 1814 bis 1821 bestanden haben. Da Kinder daraus hervorgingen, verlor Braren seine
Stellung, konnte dann aber als Hilfslehrer in Toftum wieder tätig
werden. Seine Geschwister halfen ihm, die Armut zu bestehen.

Die Regsamkeit Brarens äußerte sich auch in Versen; freilich ist das
Ergebnis belanglos. Bedeutsamer, d. h. aufschlußreicher ist eine
Erzählung, der Bericht von einer Strandgut-Auktion auf Amrum, in
die Äußerungen über seine eigene Lage und über die Stellung eines
Dorflehrers dort und damals eingeflochten sind: ein farbiges Sitten-

gemälde, in welchem auch die bunten Volkstrachten und das Erscheinungsbild der Inselleute stark mitsprechen. Dieses Erscheinungsbild in Wasserfarbenbildern festzuhalten, und zwar vornehmlich in Porträts, war das besondere Anliegen des scharf Beobachtenden. Überliefert sind außer Selbstbildnissen vornehmlich Bildnisse von Angehörigen und Verwandten. So ist verständlich, daß man vermutet hat, auch in seinem Hauptwerk, der Darstellung einer Haustrauung, lasse sich ein Ereignis in der eigenen Familie wiedererkennen; ein sicheres Ergebnis in dieser Frage ist indessen nicht zu erwarten. Es liegt kein Anzeichen dafür vor, daß Braren auch Bildnisaufträge gegen Bezahlung entgegengenommen hätte.

Brarens Bilder zeichnen sich durch Qualitäten aus, die in vielen Veröffentlichungen gepriesen wurden als Schärfe der Beobachtung, Klarheit und Bestimmtheit der Form, Festigkeit des Bildaufbaus, Reinheit der Farben und Sicherheit in ihrer Abstimmung, Dichtigkeit der ganzen Bildfläche, präzise Ausmodellierung aller körperhaften Erscheinungen usw. Mit solchen Worten ist viel und wenig zugleich gesagt. Die gewohnten Kategorien kunstgeschichtlicher Charakteristik wollen nicht recht verfangen. Unverkennbar bleibt ein Stück Naivität, unverkennbar aber auch ein Stück vom Gegenteil in Gestalt eines akademisch getönten Klassizismus. Bei diesem suchte Braren Anschluß vornehmlich in seinen weniger glücklichen Bildern mit religiösen und klassischen Themen. Es sind Pendants von Halbfiguren: Helena und Agamemnon, Christus und Thomas, Maria und der Engel der Verkündigung. Auch eine Christus-Halbfigur gehört dazu. Ganz offensichtlich folgt Braren dem Vorbild Johann Heinrich Wilhelm Tischbeins (1751–1829), des Goethe-Tischbeins.
Tatsächlich bestanden zu Tischbein, der seit 1808 in Eutin lebte, engere Beziehungen. Ob sie Folge oder Voraussetzung dessen waren, daß ein jüngerer Bruder von Brarens Geliebter, Peter Nahmen Matthiesen (1799–1870), als Tischbeins Schüler in Eutin gelebt hat, läßt sich einstweilen freilich nicht klar entscheiden. Diese Schüler-

beziehung selbst, bisher nur unbestimmt überliefert, ist nunmehr nachgewiesen. Es ist an der Zeit, aufgrund dessen das Verhältnis Braren-Tischbein neu zu überprüfen. Dabei muß ein klassizistischer Einfluß von Kopenhagen her, wie er hier und dort in der Literatur vermutet wurde, gänzlich ausscheiden. Anstatt dessen sollte die Person Tischbeins in ihren Stärken und Schwächen genauer betrachtet werden, insbesondere im Hinblick auf die Nachfolge, die er, der einmal Direktor der Kunstakademie in Neapel gewesen war, in seinen späten Hamburger und Eutiner Jahren gefunden hat. Voraussichtlich werden dabei historisch bedingte Züge in Brarens Werk deutlich hervortreten. Aus Tischbeins Malerei lassen sich wesentliche Züge ableiten, außer einer Reihe von Themen auch die perfekte Rundung der gewölbten Formen, doch auch das Streben nach monumentaler Bildgestalt – um es vereinfacht zu sagen.

Doch erscheinen solche herleitbaren Züge bei Braren in verwandelter Form. Das bewirkt die Frische seiner Sicht oder auch jene Unmittelbarkeit im Umgang mit darstellerischen Vorhaben, die dem Akademiker zum Problem werden, die der Naive aber mit unreflektierter Sicherheit bewältigt. Damit ist wieder das Wort gefallen, in dessen Zeichen das Werk Brarens nach der Überzeugung seiner vielen Beurteiler vor allem steht: Naivität. War Braren ein Naiver – das Wort in dem Sinne gebraucht, wie es als abgegriffene Münze im Kunstbetrieb der Gegenwart umläuft? Wenn Naivität so etwas bedeuten soll wie Voraussetzungslosigkeit, dann malte Braren nicht naiv. Mit den als „klassisch" geltenden naiven Franzosen hat er nicht viel gemein. Aber es zeichnet ihn eine große Unmittelbarkeit im Verhältnis zum Gegenständlichen, zur realen Welt aus. Dies Verhältnis ist zustande gekommen durch geistige Bildung. Gewiß kam es zu seiner Zeit selten vor, daß ein armer Dorfschullehrer ein Mikroskop besaß; Braren besaß eines und benutzte es für seine naturkundlichen Beobachtungen. Bei einigen seiner Wasserfarbenbilder erweist sich der zarte Farbkörper bei genauerem Hinsehen als aus lauter ganz feinen Strichelchen aufgebaut, so besonders beim Porträtpaar des Städtischen Museums Flensburg. Diese Malart, die groß und klar gewölbte Körperform durch Strichelung auszuformen, erinnert an optische Erlebnisse am Mikroskop. Das bedeutet freilich nur einen kleinen Hinweis auf Brarens Seh- und Malweise.

Auch Brarens Hauptwerk, die „Haustrauung auf Föhr", ist in jedem Detail durch feinstes Vertreiben der Farbe, durch Auspinseln zustandegekommen, wie ein Silberschmied Kuppen mit zartesten Hammerschlägen zur blanken Glätte treibt. Das Bemühen, dies Verfahren mit dem Bau einer vielfigurigen, ausgewogenen Komposition zu vereinbaren, mag man naiv nennen. Damit würde man zugleich die erstaunliche Sicherheit bezeichnen, mit welcher diese Vereinbarung gelingt. Das Bild war viel umfangreicher geplant, als es in vielen Wiedergaben bekannt geworden ist. Von fünfzehn geplanten Feldern sind nur vier fertig geworden, davon das linke untere auch nicht ganz. Die weißgebliebenen Flächen zeigen deutlich das Verfahren: nachdem die Umrisse gezeichnet waren, wurde Fläche für Fläche „angelegt". Jede Form bleibt so in ihrem einmal festgelegten Umriß befangen, die Menschen „von starrem Erstaunen wie gepreßt" (Franz Roh). Die Unsymmetrie, die der Torso, so wie er vor uns steht, aufweist, war nicht beabsichtigt. Die leuchtende Farbigkeit der festlich geschmückten Braut sollte Mittelpunkt der Komposition und der Bildfläche sein. Nur hier und dort sind hauchzart Schatten angedeutet; alles Ungefähre und Zufällige sollte ausgeschlossen sein. So ist es auch einfach ein Mißverständnis, wenn mehrfach behauptet wurde, die Teilung des Bildes durch ein Leistenkreuz solle den Blick von außen in den Stubenraum vortäuschen. Mit Sicherheit läßt sich eine solche Absicht ausschließen, nicht nur durch genaue Beobachtung des Konturenverlaufs (etwa am rechten Stiefel des Bräutigams), sondern auch aus dem Geist des Bildes, ganz abgesehen davon, daß es Fenster von dieser Art mit fünfzehn Scheiben auf Föhr damals nicht gab. Auch schließt die Geschichte des Motivs „Fensterbild", die unlängst eine genaue Untersuchung erfahren hat, hier eine solche Bildidee aus. Man muß sich die Leisten fortdenken. Perspektive gibt es nur im zeichnerischen Sinne – sie ist sogar sehr exakt und streng durchgeführt und durchaus nicht naiv. Die Farben sind daran nicht beteiligt. Ihre Intensität ist in allen Raumschichten gleich stark. Pralle Gegenwart alles Dargestellten, Verkörperung ist das Ziel.

Eine solche Art zu malen ist gewagt, und auch darin mag ein Stück Naivität liegen. Erstaunlicherweise ist sie gelungen und hat zu einem höchst eindrucksvollen Ergebnis geführt. In der Kunstgeschichte seiner zeitlichen und örtlichen Sphäre steht es ganz allein da. Aber ganz gewiß ist es nicht aus bloßer Naivität erwachsen. Das Wort kann hier doch, wenn überhaupt, so nur in sehr beschränktem Sinne gelten. Eine besondere Art von Genialität ist am Werk, freilich eine schwer zu bestimmende. Der Betrachter erlebt es mit, daß in völliger Entlegenheit und Vereinzelung ein ungewöhnlich Begabter mit gleichviel Mühsal wie Frische an den künstlerischen Idealen seiner Zeit produktiv teilzuhaben sucht, sich dabei an einem Vorbild orientiert, aus eigener Substanz aber zu persönlicher Leistung von hohem Rang gelangt, weit über bloße Nachahmung hinaus.

Ernst Schlee

Werkverzeichnis

Die Maltechnik aller Arbeiten ist Wasserfarbe.
Die ausgestellten Werke sind mit Sternchen * gekennzeichnet
(Änderungen vorbehalten)

I. Selbstporträt *
17×20 cm.
Städtisches Museum, Flensburg

II. Porträt Meta Braren *
17×20 cm.
Städtisches Museum, Flensburg

IIIa. Selbstporträt *
4,3×5,5 cm. Im ursprünglichen Metallrahmen als
Medaillon gefaßt

b. Rückseite: Blumenbukett auf Sockel
mit Widmungssignatur O. B. in einer Landschaft
Privatbesitz

IVa. Porträt eines Bruders Braren
4,3×5,5 cm. Medaillon
Nicht auffindbar

b. Porträt eines anderen Bruders Braren
4,3×5,5 cm. Medaillon
Nicht auffindbar

V. Ing Peter Matzen mit Kindern *
24×37,5 cm.
Hochschule für bildende Künste, Hamburg

VI. Porträt Oluf Oken *
23×29 cm.
Privatbesitz

VII. Porträt Jong Göntje Braren (1791–1833) *
3×6 cm, oval.
Privatbesitz

VIII. Porträt Jan Braren
3×6 cm, oval.
Nicht auffindbar

IX. Haustrauung auf Föhr (frühere Fassung)
Jetziger Besitzer unbekannt

X. Haustrauung auf Föhr (spätere Fassung, unvollendet) *
74×98 cm.
(Personenkreis nicht identifizierbar)
Hochschule für bildende Künste, Hamburg

XI. Die Uhr *
36,5×49,5 cm.
(Zusatzblatt zur Haustrauung [X])
Privatbesitz

XII. Konzeption der Haustrauung [X] *
(Montage)

XIII. Porträt einer Föhrer Braut *
52×70 cm.
Hochschule für bildende Künste, Hamburg

XIV. Porträt eines Mädchens in Föhrer Tracht
49×69 cm.
Schleswig-Holsteinisches Landesmuseum, Schleswig

XV. Christus *
51,5×69 cm.
Privatbesitz

XVI. Thomas *
51,5×69 cm.
(Gegenstück zu XV)
Privatbesitz

XVII. Hl. Magdalena *
54×69,5 cm.
Städtisches Museum, Flensburg

XVIII. Verkündigungsengel Gabriel (nach Guido Reni) *
55×70 cm.
Dr.-Haeberlin-Friesen-Museum, Wyk; Leihgabe aus
Privatbesitz

XIX. Maria (nach Guido Reni) *
54×70 cm.
(Gegenstück zu XVIII)
Dr.-Haeberlin-Friesen-Museum, Wyk; Leihgabe aus
Privatbesitz

Literatur über Oluf Braren (Auswahl) in zeitlicher Folge

Christian Jensen, Ein nordfriesischer Maler, in: Lecker Anzeiger, Leck, vom 30. 11. 1912

Momme Nissen, Malerei in Nordfriesland, in: A. J. Lorenzen, Unsere Heimat Nordschleswig, Hadersleben 1912, bes. S. 15 f.

Wilhelm Niemeyer, Oluf Braren, in: Genius I, 1919, S. 195–199

derselbe, Oluf Braren. Der Maler von Föhr, Berlin 1920

Curt Gravenkamp, Die bildende Kunst in Nordfriesland, in: Nordfriesland. Heimatbuch für die Kreise Husum und Südtondern, Husum 1929, S. 467–492, bes. S. 483 f.

Nikola Michailow, Zur Begriffsbestimmung der Laienmalerei, in: Zeitschrift für Kunstgeschichte NF IV, 1935, S. 238–300

Ernst Schlee, Oluf Braren, zu seinem 150. Geburtstag, in: Die Heimat, Kiel, 47, 1937, S. 33–40

Hans Friedrich Geist, Dem Gedenken an Oluf Braren, Lehrer und Maler von Föhr, in: Die neue Schau 9, 1939, S. 172 f.

Ernst Schlee, Deutsche Volkskunst, Schleswig-Holstein, Weimar 1939, S. 49

Anna Hoffmann, Die Landestrachten von Nordfriesland, Heide (1940)

Wilhelm Niemeyer, Oluf Braren, in: Die Kogge. Blätter der Schriftleitung des Hamburger Tageblatt 1940, ohne Seitenzahl

Hans Friedrich Geist, in: Das Kunstwerk II, 1948, Heft 9, S. 5 ff.

Ludwig Rohling, Nordfriesische Malerei, in: Merian, Nordfriesland, 1949, S. 57

Lorenz Braren, Geschlechterreihen St. Laurentii-Föhr, Privatdruck, 2. Band, (1950), S. 166–171

Ernst Schlee, Nordfriesische Laienmaler, in: Kunst in Schleswig-Holstein 1953, S. 82–111, bes. S. 95–99

derselbe, Das Vermächtnis Oluf Brarens, in Zeitschrift „Schleswig-Holstein" 1953, S. 39–41

Lilli Martius, Die schleswig-holsteinische Malerei im 19. Jahrhundert, Neumünster 1956, S. 127–131

Otto August Ehlers, Sonntagsmaler, Berlin und Darmstadt 1956, S. 29 f.

Franz Roh, Der Laienmaler Oluf Braren, in: Die Kunst und das schöne Heim 1957, S. 254–257

derselbe, in: Das Kunstwerk XI, 1957

Ernst Schlee, Schleswig-holsteinisches Volksleben in alten Bildern, Flensburg 1963, S. 13

derselbe, Das alte Föhr in bildlichen Dokumenten, Flensburg 1968, bes. S. 47 f.

derselbe, Naive Malerei in unserer Landschaft, in: Flensburger Tageblatt, Weihnachten 1968

Mehr oder weniger ausführlich wird Braren zitiert in der neuerdings mächtig angeschwollenen Literatur über naive Malerei, auch in den Ausstellungskatalogen dieser Thematik, so z. B.: Die Kunst der Naiven, Ausstellung im Haus der Kunst, München 1974/75 und Kunsthaus Zürich 1975, S. 167.

Abbildungen

I. Selbstporträt

II. Porträt Meta Braren

IIIa. Selbstporträt

b. Rückseite: Blumenbukett auf Sockel

IVa. Porträt eines Bruders Braren

b. Porträt eines anderen Bruders Braren

V. Ing Peter Matzen mit Kindern

VI. Porträt Oluf Oken

VII. Porträt Jong Göntje Braren (1791–1833)

VIII. Porträt Jan Braren

IX. Haustrauung auf Föhr (frühere Fassung)

X. Haustrauung auf Föhr (spätere Fassung, unvollendet)

XI. Die Uhr

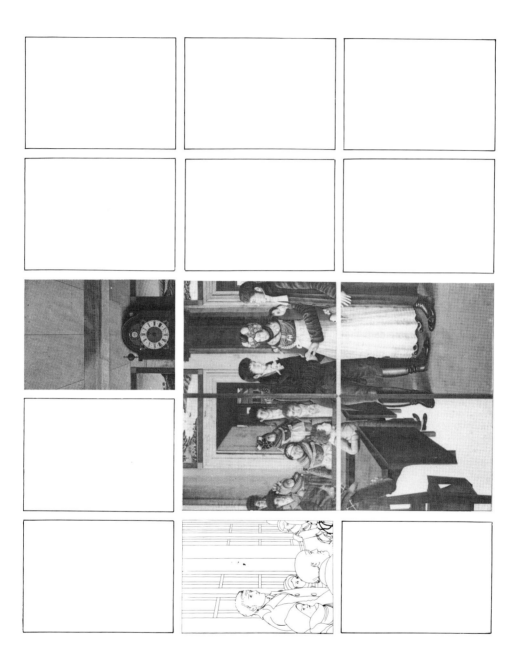

XII. Konzeption der Haustrauung

XIII. Porträt einer Föhrer Braut

XIV. Porträt eines Mädchens in Föhrer Tracht

XV. Christus

XVI. Thomas

XVII. Hl. Magdalena

XVIII. Verkündigungsengel Gabriel

XIX. Maria

XX. Helena

XXI. Agamemnon

XXII. Christus

XXIII. Bildnis eines Mädchens

XXIV. Gruppe zweier Kinder

XXV. Zwei Kinder

XXVI. Römisches Mädchen

Der Orangutang.

XXVIIa. Der Orangutang

Der capsche Ameisenfresser.

XXVIIb. Der capsche Ameisenfresser

Die englische Dogge.

XXVIIc. Die englische Dogge

Die Leopard.

XXVIId. Der Leopard

XXVIIe. Das Pferd

D. Walfisch.

XXVIIf. Der Walfisch